Inhalt

Veränderungsprozesse - Herausforderung für das Management?

Kernthesen

Beitrag

Fallbeispiele

Weiterführende Literatur

Impressum

GENIOS WirtschaftsWissen Nr. 10/2005 vom 19.10.2005

Veränderungsprozesse - Herausforderung für das Management?

I.Lukmann

Kernthesen

- Veränderungsprozesse sind ein probates Mittel, um notwendige Erneuerungen in Unternehmen umsetzen zu können. (3), (7)
- Die dabei angestrebten Ziele werden häufig nicht erreicht, weil während der Veränderungsprozesse essentielle Faktoren vom Management unbeachtet bleiben. (8)
- Führungskräfte können die verschiedenen Phasen eines Veränderungsprozesses maßgeblich beeinflussen. (10)

Beitrag

Unter der Bezeichnung Veränderungsprozesse werden häufig Maßnahmen zur Prozessoptimierung, zur Vergrößerung des Unternehmens oder zu Sanierungsmaßnahmen mit damit verbundenem Personalabbau subsumiert. Entscheidend dabei ist, dass Veränderungen in Unternehmen nicht reiner Selbstzweck sein sollen, sondern letztlich im Unternehmen zu besseren Leistungen, sinkendem Aufwand, höherer Auslastung und ansteigendem Gewinn führen sollen.

Leider sind Veränderungsprozesse in Unternehmen gerade in heutigen Zeiten schwer umzusetzen. Ein Grund hierfür ist die Verunsicherung und Angst vieler Mitarbeiter vor Umbrüchen und Veränderungen im Unternehmen. Die Aufgabe von Führungskräften ist daher, den Mitarbeitern die Möglichkeit einzuräumen, notwendige Veränderungsprozesse mitgestalten zu können. [(1)](), [(2)](), [(3)](), [(5)](), [(7)](), [(8)](), [(10)]()

Motive für Veränderungen

Unternehmen verändern sich stetig, um ihre

Wettbewerbsfähigkeit und damit letztlich die Existenz des Unternehmens zu sichern. Dabei gibt es zahlreiche Auslöser für Veränderungen:

- Unternehmenszusammenschlüsse
- Negative Betriebsergebnisse
- Reorganisation eines Unternehmens
- Optimierungsprogramme
- Veränderungen in der Unternehmensleitung
- Verbesserung der Kundenorientierung. (11)

Machtkonstellationen als Hindernis für Veränderungen

Veränderungen werden idealerweise in einer leitbildzentrierten Machtkonstellation umgesetzt. In einer solchen Konstellation können Veränderungen gruppenübergreifend aktiviert werden. Dabei werden Veränderungsprozesse getragen von einer klaren Vision, die alle Beteiligten im Unternehmen gemeinsam umsetzen wollen.

Da eine solche Machtkonstellation in der Regel selten vorkommt, sind nachfolgende Konstellationen wahrscheinlicher.

- Der so genannte Top-down-Ansatz ist die klassische

Konstellation bei Veränderungsprozessen. Hierbei werden alle Prozesse von der ersten Führungsebene vorgegeben.

-Bei einer weiteren Variante koalieren die erste und zweite Führungsebene miteinander. Dabei werden Veränderungsprozesse gegenüber der Mitarbeiterbasis umgesetzt.

-Eine letzte mögliche Variante stellt eine Allianz zwischen der ersten Führungsebene und der Mitarbeiterbasis dar. Das Ziel einer solchen Allianz ist es, während der Veränderungsprozesse eigene Interessen gegen die zweite Führungsebene durchzusetzen. (6), (11)

Phasen im Veränderungsprozess

Veränderungsprozesse in Unternehmen durchlaufen in der Regel die im Folgenden skizzierten Phasen:

1. Überraschungsphase
In der Überraschungsphase werden die Unternehmensmitglieder mit den bevorstehenden Veränderungen konfrontiert. Für die künftigen Veränderungen existiert noch kein gelerntes Verhalten. Darüber hinaus besteht ein

Ungleichgewicht zwischen der aktuellen Situation und den Erwartungen aus den kommenden Veränderungen.

2. Verneinungsphase
In dieser Phase werden die - noch in der Zukunft liegenden - Veränderungen zunächst verdrängt. Die Unternehmensmitglieder bestehen auf ihre bewährten Verhaltensweisen.

3. Jammertal
Die Veränderungen werden während dieser Phase als neue Realität erkannt. Dennoch wird in dieser Phase dem Bisherigen nachgetrauert.

4. Akzeptanzphase
Während dieser Phase wird die neue Realität anerkannt. Die Organisationsmitglieder entfalten neue Verhaltensweisen.

5. Ausprobierphase
In dieser Phase werden aktiv neue Verhaltensmuster entwickelt und getestet.

6. Erkenntnisphase
Die umgesetzten Veränderungen werden überdacht und bewertet. Die Organisationsmitglieder erkennen persönliche Entwicklungsmöglichkeiten durch die Veränderungsprozesse.

7. Integrationsphase
Letztlich ist der Prozess dann beendet, wenn die Organisationsmitglieder die Veränderung als alltäglich annehmen. (11)

Aufgaben der Führungskräfte

1. Faktor Unsicherheit
Veränderungsprozesse werden von den Mitarbeitern nicht als eine Chance für neue Entwicklungen gesehen. Vielmehr befürchten Mitarbeiter bei Veränderungsprozessen vor allem emotionale Verluste wie Sicherheit, Routine und Erfahrung. Die Führungskräfte sollten daher auf diesen Faktor besondere Rücksicht nehmen, da sonst Veränderungsprozesse scheitern können. Mitarbeiter können aufgrund von Unsicherheit sehr schnell mit Arbeitsverweigerung und Resignation reagieren. (1), (9)

2. Faktor Angst
Im Arbeitsalltag reagieren Mitarbeiter auf Veränderungsprozesse häufig mit Angst. Hierbei können drei Grundtypen unterschieden werden:

-Der etablierte Mitarbeiter sieht seinen Status quo im

Unternehmen gefährdet. Dies führt dazu, dass er mit Widerstand auf Veränderungsprozesse reagiert.
-Dagegen reagiert der Aufsteiger deutlich risikofreudiger auf Veränderungen, da er als Aufsteiger in der Organisationsstruktur nicht viel zu verlieren hat.
-Letztlich verhält sich der Statiker in der Regel so, dass ihm während des Veränderungsprozesses so wenig wie möglich Ärger entsteht. Er ist mithin scheinbar am einfachsten in Veränderungsprozesse einzubinden.

Führungskräfte sollten die Widerstände, die aus dem Faktor Angst resultieren können, nicht mit dem Festhalten an alten Strukturen verwechseln. Vielmehr sollten Führungskräfte dafür sorgen, dass die Veränderungsbereitschaft unter den Mitarbeitern gesteigert wird. (1), (3), (7)

3. Faktor Kommunikation
Führungskräfte sollten während der Veränderungsprozesse vor allem auf Kommunikation, Transparenz und Vertrauen achten. Eine geringe Bereitschaft zu Veränderungen hat viel mehr mit Kommunikation als mit der fehlenden Bereitschaft zu Veränderungen aufgrund bestimmter Charakterzüge einzelner Mitarbeiter zu tun. (1), (6), (9)

Motivationsmöglichkeiten der Mitarbeiter

Während der Veränderungsprozesse können Führungskräfte ihren Mitarbeitern zahlreiche Möglichkeiten anbieten, um sie für und während des Prozesses für Veränderungen zu motivieren. Hierzu gehören beispielsweise Freiräume für Mitarbeiter, damit diese die anstehenden Prozesse mitgestalten können. Dabei sollten klare Rahmenbedingungen von der Führungskraft vorgegeben werden. Außerdem können Führungskräfte die Veränderungsbereitschaft von Mitarbeitern trainieren, indem sie diesen zunächst mittelschwere Aufgaben oder Problemstellungen übertragen. Letztlich sollten auch Erfolge mit den Mitarbeitern geteilt werden, damit diesen auch der Nutzen von Veränderungen und zusätzlichen Anstrengungen deutlich wird. (1), (4), (9)

Weiterhin ist auch die eigene Vorbildfunktion der Führungskraft entscheidend für den Erfolg von Veränderungsprozessen. Das heißt, dass sich Führungskräfte während eines Veränderungsprojektes ebenfalls an neu definierten Regeln orientieren sollten. Nur so kann letztlich eine glaubhafte Veränderung umgesetzt werden. (7)

Fallbeispiele

Die Fachspedition Karl Dischinger hat vor drei Jahren die innerbetriebliche Logistik eines Automobilzulieferers übernommen. Dabei hat, laut Inhaber Karlhubert Dischinger, vor allem das Vertrauen der Mitarbeiter in die anstehenden Veränderungsprozesse eine wichtige Rolle für den Erfolg der Integration gespielt. Die Kommunikation zwischen der Unternehmensleitung und den neuen wie auch alten Mitarbeitern hat dazu geführt, dass alle Beteiligten gut auf die bevorstehenden Prozesse vorbereitet waren. (1)

Laut Werksleiter Dr. Albert Heuser hat die BASF in Ludwigshafen die Herausforderung, einer der weltweit leistungsstärksten Standorte im chemischen Bereich zu werden, erfolgreich umgesetzt. Dazu mussten zunächst Potentiale in den Unternehmensprozessen ermittelt und verbessert werden, was letztlich zu einer Einsparung von jährlich etwa 480 Millionen Euro geführt hat. Auf diese Weise ist die Wettbewerbsfähigkeit der BASF entscheidend verbessert worden. Die hierfür notwendigen Veränderungsprozesse wurden vor allem durch die Einbindung der Mitarbeiter in die Prozesse bewältigt.

(5)

Weiterführende Literatur

(1) Wandel gestalten
aus VerkehrsRundschauRundschau, Heft 22/2005, S. 34-37

(2) Veränderungen selbst gestalten
aus Bankmagazin, Heft 2005/05, S. 52-54

(3) «Respekt vor dem Einzelnen»
aus HandelsZeitung vom 21.09.2005 Seite 25

(4) 10 THESEN Besonderheiten systemischer Organisationsberatung
aus wirtschaft&weiterbildung, Vol. 18, Heft 09/2005, S. 34

(5) Gut organisiert
aus Process Magazin für Chemie- und Pharmatechnik Nr. 07-08 vom 03.08.2005 Seite 003

(6) Wege zur effizienten Projektkultur
aus Bankmagazin, Heft 2005/08, S. 58-60

(7) Ein Chef muss Veränderungen vorleben
aus Lebensmittel Zeitung 33 vom 19.08.2005 Beilage Nonfood Trends 02/05 Seite

(8) Viele Veränderungsprozesse scheitern Eckpunkte für den Erfolg

aus Finanz und Wirtschaft, Seite 27

(9) Roberto, Michael A. / Garvin, David A.Harvard, Wandel durch Überzeugen, Businessmanager, 26.04.2005, S. 58
aus Finanz und Wirtschaft, Seite 27

(10) RECHTZEITIGE ANPASSUNG Wie Sie als Führungskraft der Motor gewünschter Veränderungsprozesse werden
aus BRAUINDUSTRIE, Heft 11, 2004, S. 10

(11) Wie Sie als Führungskraft der Motor gewünschter Veränderungsprozesse werden
aus REFA, Nr. 6, 2004, S. 12-19

(12) CHANGE MANAGEMENT FIT FÜR DIE ZUKUNFT Evolution in der Firma Wie Mitarbeiter trainiert werden: drei Beispiele aus Hamburg.
aus Hamburger Abendblatt, 30.04.2005, Nr. 100, S. 71

Impressum

Veränderungsprozesse - Herausforderung für das Management?

Bibliografische Information der deutschen Nationalbibliothek

Die Deutsche Nationalbibliothek verzeichnet diese Publikation in der deutschen Nationalbibliografie; detaillierte bibliografische Daten sind im Internet über http://dnb.d-nb.de abrufbar.

ISBN: 978-3-7379-0179-6

© 2015 GBI-Genios Deutsche Wirtschaftsdatenbank GmbH, Freischützstraße 96, 81927 München, www.genios.de

Alle Rechte vorbehalten. Dieses Werk ist einschließlich aller seiner Teile – z.B. Texte, Tabellen und Grafiken - urheberrechtlich geschützt. Jede Verwertung außerhalb der Grenzen des Urheberrechtsgesetzes bedarf der vorherigen Zustimmung des Verlags. Dies gilt insbesondere auch für auszugsweise Nachdrucke, fotomechanische

Vervielfältigungen (Fotokopie/Mikroskopie), Übersetzungen, Auswertungen durch Datenbanken oder ähnliche Einrichtungen und die Einspeicherung und Verarbeitung in elektronischen Systemen.